MUSIQUES DE TOUS LES TEMPS

NAOUM
LA MUSIQUE DE LA PRÉHISTOIRE

Texte de Jean-Philippe Arrou-Vignod
dit par Jean-Pierre Bouvier
sur une musique de Ramuncho Matta
Illustrations de Philippe Poirier
Photographies de Marie Dolard

GALLIMARD JEUNESSE MUSIQUE

Pendant la période appelée le Paléolithique supérieur, entre -18 000 et -10 000 ans avant notre ère, s'est développée une civilisation de chasseurs : les Magdaléniens.

Les hommes préhistoriques de cette époque ne vivaient pas à l'intérieur de grottes. Ils vivaient dans des tentes qu'ils installaient sur la rive d'un fleuve ou sous des abris naturels (falaises ou grottes).

Naoum avait dix ans lorsque son père mourut. C'était l'hiver. La neige et la glace couvraient les bords du fleuve où la tribu avait établi son campement. Le soir, autour du feu, chasseurs et pêcheurs bredouilles frissonnaient sous les peaux de bêtes durcies par le gel en s'accompagnant de musique.

Comme dans toutes les civilisations de chasseurs, les Magdaléniens étaient aussi des cueilleurs. La myrtille, le pissenlit ou la bruyère (ci-contre) sont quelques-unes des plantes dont on a retrouvé le pollen conservé dans les couches archéologiques correspondant à l'époque magdalénienne.

❶ *Musique du fond des temps* (tubes et flûte)

– Il faut trouver de nouveaux territoires de chasse, disaient-ils. Naoum est le fils aîné de notre chef. C'est à lui qu'il appartient désormais de guider la tribu. Mais dix ans, c'est bien jeune pour savoir où conduire les siens…

Les Magdaléniens peignaient sur les parois des grottes de grandes fresques dans lesquelles ils intégraient les sculptures naturelles de la roche.

Pour s'éclairer, les Magdaléniens utilisaient de petites lampes creusées dans une roche tendre. Ils y plaçaient un peu de graisse animale et une mèche faite de matière végétale.

Un soir, sur le conseil de sa mère, la belle Naouma, Naoum alla trouver le chaman. Ourga, le sorcier, vivait à l'écart, dans une grotte. Naoum, comme tous les enfants de la tribu, le redoutait. On le disait très sage mais un peu fou. Il savait guérir les blessures et connaissait les danses magiques.

– Que dois-je faire, grand sorcier? demanda Naoum.

Le chaman est un prêtre magicien qui soigne et pratique des rituels magiques. Il utilise la transe pour communiquer avec un monde surnaturel. Les chamans ont toujours existé (à gauche, sorcier indien d'Amérique au XIXe siècle). Ils existent encore aujourd'hui dans de nombreux pays (à droite, sorcier Sangomas, Afrique du Sud.)

❷ *La Danse du chaman* (TUBES ET FLÛTE)

Le chaman ne répondit rien, il se leva et commença une danse étrange. Il gesticulait, des sons inquiétants s'échappaient de sa gorge. Enfin, il se rassit et dit :

– L'esprit de ton père habite maintenant le corps d'un grand aurochs. Je te donne cette flûte en bois de cerf et ce collier de coquillages. Va en jouer sur la montagne et l'aurochs t'apparaîtra.

Les Magdaléniens construisaient des tentes circulaires avec des perches jointes à leur sommet et recouvertes de peaux (comme les tipis des Indiens d'Amérique du Nord) ou de petites huttes accrochées aux abris naturels.

Les paysages des Magdaléniens ressemblaient sans doute aux steppes glacées de Finlande (ci-contre) : des indices de sols gelés, dont seule la surface dégelait en été, ont été trouvés jusqu'en Normandie.

Le lendemain, au lever du soleil, Naoum partit dans la montagne, serrant contre lui la flûte sacrée et le collier à musique. Il arriva enfin sur l'éperon rocheux que les anciens appelaient *La dent du tigre.* De là, on pouvait apercevoir la vallée enneigée, la maigre fumée qui montait du camp.

La percussion de deux silex ou la friction de deux morceaux de bois sont des techniques encore utilisées aujourdhui par certaines populations pour produire du feu (à gauche, au Cameroun, Afrique).

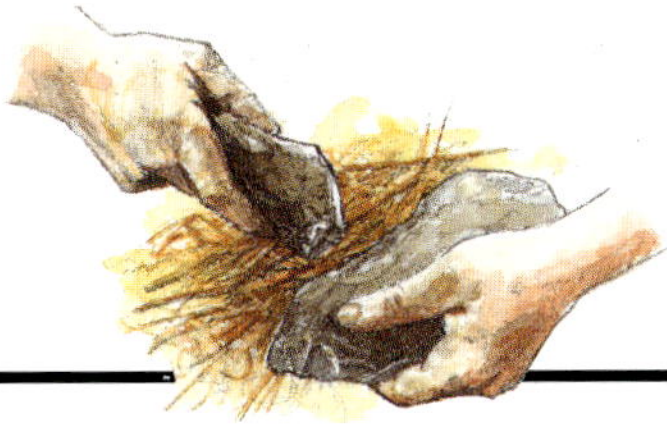

Les premiers sons qu'il tira de la flûte ne ressemblaient en rien à de la musique. Des notes criardes, désordonnées s'échappaient de ses doigts engourdis. Même le collier de coquillages ne produisait entre ses doigts qu'un piteux grelot ! Naoum avait beau jouer, jouer encore, le grand aurochs n'apparut pas ce jour-là, ni les suivants.

On a retrouvé dans certaines grottes des cascades de stalagmites (ci-contre) porteuses de traces de percussions. Ces stalagmites forment de véritables "lithophones" qui résonnent quand on les frappe et peuvent produire une vraie mélodie.

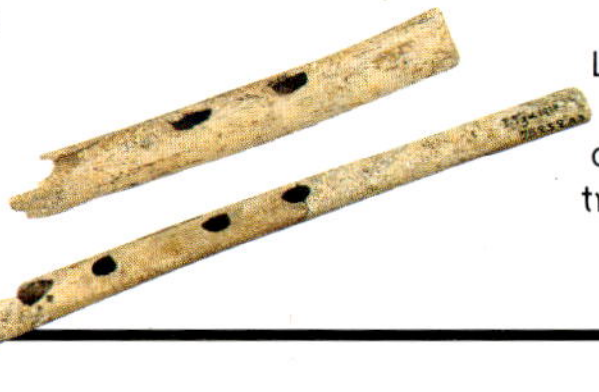

La flûte était faite dans des os de grands oiseaux percés de 3 à 6 trous dont l'espacement est le signe d'un vrai souci mélodique.

La famine menaçait maintenant la tribu. Chaque jour, on pressait Naoum de donner l'ordre du départ. Mais où trouver les terres hospitalières que tous attendaient ? Chaque matin, Naoum remontait jusqu'à *La dent du tigre*. L'air gelé avait beau résonner des grincements de la flûte, des bredouillis de son grelot, il redescendait chaque soir le cœur plus lourd et plus désespéré.

Le rhombe est en os, percé à une extrémité. On l'attache à un fil et on le fait tournoyer au-dessus de sa tête. Il en résulte un bruit sourd qui évoque un monde mystérieux.

Les Magdaléniens fabriquaient des sifflets dans des phalanges de rennes. Grâce à la position de la bouche sur le trou qu'ils avaient judicieusement percé, ils obtenaient des sons différents, allant du grave à l'aigu.

Un jour pourtant, un son mélodieux s'échappa soudain de sa flûte. Une note droite et pointue comme un cri d'oiseau, puis une deuxième, une troisième ! N'en croyant pas ses oreilles, il se mit à sautiller sur place. A chacun de ses pas, le collier de coquillages tintait, rythmant la mélodie. C'est alors qu'un long craquement parcourut la forêt endormie. A la lisière des sapins, quelque chose bougea.

La faune magdalénienne est constituée de grands herbivores (aurochs, bisons, chevaux, rennes, mammouths...), de prédateurs (loups, félins), de petits mammifères (lièvres, marmottes) et d'oiseaux...

Le renne est sans doute le gibier principal des Magdaléniens. Source de nourriture, mais surtout de matières premières essentielles : os et bois (pour les outils et les armes), fourrure (pour les vêtements), graisse (pour les lampes), tout est utilisé !

Quand le grand aurochs apparut, Naoum eut le souffle coupé. Une bête immense, aux cornes puissantes, au long pelage enchevêtré, le contemplait sans bouger. Naoum avait déjà vu des aurochs. Il avait même aidé les chasseurs à en tirer un jusqu'au campement. Mais celui-ci avait la taille d'un mammouth et le pelage blanc d'un vieux chef. Les doigts de Naoum se mirent à courir le long de la flûte, le collier de coquillages à tintinnabuler.

Haut de plus de trois mètres, doté d'énormes cornes, ce mammouth a été retrouvé congelé dans les glaces de Sibérie en 1912. Il y était depuis 10 000 ans !

L'aurochs préhistorique – ancêtre du taureau – avait des cornes de plus de 80 cm, ce qui le rendait particulièrement redoutable.

C'était un air doux et secret, presque un murmure, dans lequel il confiait sa peine et demandait de l'aide... Immobile, le grand aurochs l'écoutait. Il regardait le frêle enfant dans sa pelisse déchirée. Puis, lentement, il fit demi-tour et disparut sans un bruit dans la profondeur de la forêt.

Les outils du Paléolithique supérieur sont nombreux : racloirs et grattoirs pour travailler le bois, le cuir ; perçoirs pour faire des trous ; des burins pour sculpter, inciser, graver l'os ou les bois de renne…

A partir d'un même bloc de silex, le Magdalénien fabrique des lames sur mesure. En frappant un bloc de silex avec un gros galet, il détache à coups secs et précis des éclats tranchants de toutes tailles.

Dès le lendemain, la tribu quittait les bords de la rivière. Naoum prit la tête du convoi, serrant dans sa paume la petite flûte en bois de cerf et le collier à musique. Au début, ce fut facile : il suffisait de suivre le lit gelé de la rivière qui sinuait entre les arbres.

La glace craquait sous les pas. Mais une fois gagné la plaine, un vent glacé se leva, transformant le paysage en un vaste désert blanc.

Les archéologues ne connaissent pas le rôle des bâtons percés. Ils servaient peut-être à redresser les sagaies.

Grâce à l'encoche où s'appuyait l'arme, le propulseur (ci-dessous) permet de lancer les sagaies (ci-dessus) et les harpons plus loin et plus fort. Le chasseur évite ainsi les coups de cornes, de griffes et de sabots de ses adversaires.

– Où nous conduis-tu, Naoum, fils de Nourk ? gémissaient les femmes. Naoum avait beau scruter l'étendue glacée, le grand aurochs demeurait invisible. Se pouvait-il qu'il l'ait abandonné, lui et toute la tribu ? Chacun, épuisé et transi, regardait l'enfant, et ce regard voulait dire :

– Tu es Naoum, fils de chef. Montre-nous le chemin !

Les Magdaléniens utilisaient les peaux d'animaux pour fabriquer leurs vêtements. Tendue, raclée et séchée au soleil, la peau était découpée avec une lame de silex. Les pièces étaient ensuite assemblées à l'aide d'une aiguille en os.

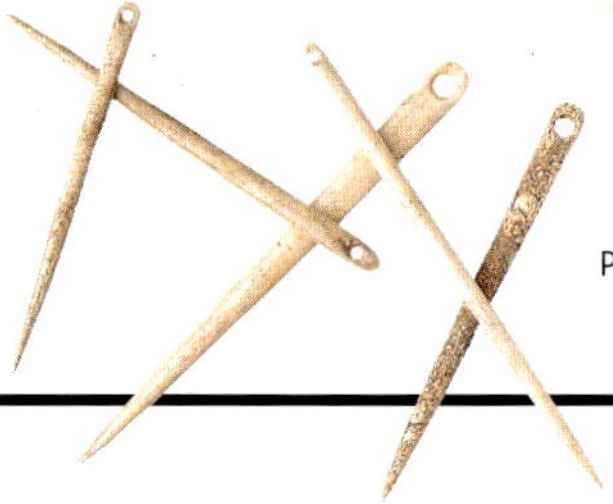

Pour fabriquer une aiguille, le chasseur dégageait une baguette dans l'os. Puis il la trouait avec un perçoir en silex pour faire le chas.

Alors Naoum sortit sa flûte et la porta à ses lèvres. Mais il avait beau souffler, le mugissement du vent dispersait les maigres notes sur sa bouche. Comment le grand aurochs aurait-il pu l'entendre ? Naoum joua jusqu'au bout de ses forces.

Pour débarrasser la peau des restes de viande et de graisse, l'homme préhistorique utilisait un racloir. Cet outil est fabriqué à partir d'un éclat de silex de grande taille dont le tranchant est curviligne.

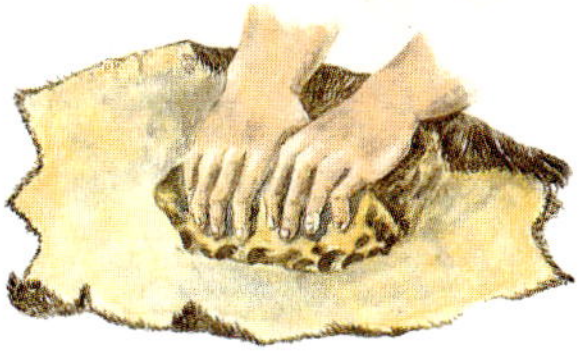

Quand il n'eut plus de souffle, il déposa la précieuse flûte sur un rocher et se laissa tomber dans la neige avec désespoir. Jamais il ne trouverait le grand aurochs. Naoum, fils de Nourk, avait failli à sa tâche. A cause de lui, la tribu était perdue sans rémission dans l'immense désert blanc...

Même si nous avons peu de témoignages directs, les moments forts de la vie des Magdaléniens étaient certainement rythmés par des rituels associant magie et nature. Comme cette sépulture qui témoigne d'un rituel mortuaire.

Dents d'animaux, fossiles, coquillages, plaquettes d'os étaient sans doute portés en pendentifs. Quel merveilleux talisman pour un chasseur de porter la canine de l'ours qu'il a abattu!

C'est alors que le miracle se produisit. Soudain, une longue note unique s'échappa de la flûte qu'il avait abandonnée. Une note limpide et continue, qu'accompagnait le grelot des coquillages entrechoqués! Que se passait-il? Le vent! C'était le vent qui soufflait à travers la flûte en bois de cerf! Le vent qui agitait le collier de coquillages suspendu au bâton de marche!

La signification des signes et de dessins retrouvés sur les parois des grottes demeure mystérieuse.

Mais on sait que ces empreintes de mains étaient reproduites selon la technique du soufflage. La peinture était soufflée autour de la main au moyen d'un petit tube en os ce qui donnait une image de la main en négatif.

❽ *Le Chant du vent* (flûte et percussions)

Et comme pour répondre à cet appel magique, le grand aurochs apparut... Dressé dans le blizzard qui ébouriffait son pelage blanc, il se tenait sur la crête, museau frémissant, contemplant la longue colonne humaine éparpillée dans la neige.

– Regardez ! cria Naoum. Regardez !

Cette fois, le grand aurochs les guidait.

En dehors des périodes de froid extrême, les rivières poissonneuses fournissaient aux Magdaléniens de nombreux poissons comestibles comme le saumon, la truite ou l'anguille.

Les tribus du bord de mer se nourrissaient de coquillages et de poissons. La pêche se pratiquait en eau peu profonde, avec les mêmes armes (harpons, sagaies) que la pêche en rivière.

Durant les quelques jours que dura la marche, chaque fois que Naoum se croyait perdu, il tirait sa flûte. Il suffisait de quelques notes pour apercevoir alors la haute masse blanche du grand aurochs, campée à une portée de flèche, qui semblait les attendre. Bientôt, le vent se fit moins froid.

Les Magdaléniens ont inventé le harpon ; cette arme que l'on lance sans jamais la lâcher était finement réalisée dans l'os ou le bois de renne ou l'ivoire de mammouth et portait souvent des motifs ciselés.

❾ *Le Printemps*
(flûte, tubes et percussions)

La neige disparaissait par plaque, laissant voir des îlots d'herbe tendre. Dans le lit des ruisseaux, la glace avait fondu. Les poissons, encore engourdis, faisaient des proies faciles, et les premières baies succulentes s'accrochaient par grappes aux buissons. Puis ce fut le premier lièvre. Le premier troupeau de daims. La tribu était sauvée !

L'initiation de l'enfant en vue du passage à l'âge adulte est un rituel commun à la plupart des populations dites primitives. On les trouve encore aujourd'hui chez les Masaï de l'Est de l'Afrique (ci-contre) qui doivent affronter le lion munis de leur seule lance.

Animaux gravés ou "marques de chasse" : de nombreux objets magdaléniens témoignent du souci prédominant qu'ils avaient de la chasse.

Ce jours-là, les chasseurs entourèrent Naoum.
– Grâce te soit rendue ! dirent-ils. Tu es le digne fils de Nourk, notre chef. Tu as su nous conduire là où le gibier abonde. Désormais, nous n'aurons plus faim.

Naoum aurait voulu protester.

– Non, ce n'est pas moi qu'il faut remercier !

Devenir un homme, c'est d'abord être un chasseur. De tout temps, de nombreux rites furent liés à la chasse. Les rites d'initiation ou les rites festifs autour d'une bonne chasse ponctuent les grands moments de la vie du groupe.

⑩ *La Fête*
(flûtes, tubes, sifflets et percussions)

Mais il avait beau chercher, le grand aurochs avait encore disparu. Cette nuit-là, une grande fête rassembla la tribu : on chanta, on dansa jusqu'à l'aube en l'honneur de Naoum et de son précieux guide. Naoum avait montré la bravoure et le courage qui font les vrais chasseurs. L'enfant était devenu un homme.
Un chef.

JULIEN

REPORTAGE

CHASSEURS DE RENNES

Julien, 12 ans, et ses amis ont participé à une aventure exceptionnelle : une classe de nature préhistorique au cœur de la Dordogne. Encadrés par des préhistoriens, ils ont vécu pendant quelques jours comme les Magdaléniens. Ils ont refait les mêmes gestes de la vie quotidienne : fabriquer les tentes, les outils, cuisiner, faire de la musique...

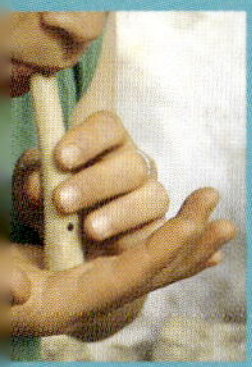

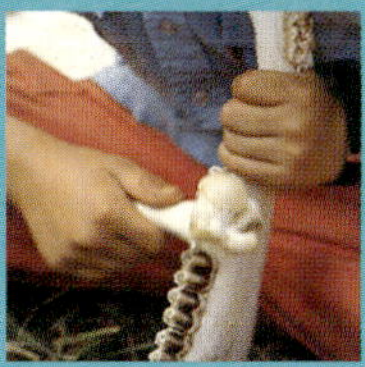

A quelques kilomètres d'une rivière, Julien, Xavier, François, Hadidja et Mélusine ont trouvé le lieu idéal pour dresser leur campement. Un terrain plat, arboré et abrité par les falaises.

Encadrés par des préhistoriens, les enfants s'appliquent pour reproduire le plus fidèlement possible les gestes des chasseurs de rennes.

Pour fabriquer une tente préhistorique, on commence par assembler les perches, puis on fixe les peaux d'animaux. Voilà, le campement est prêt.

Julien a décidé de décorer les tentes. Pour obtenir l'ocre, il fait d'abord chauffer l'argile sur le feu.

Une fois refroidis, il broie les morceaux d'argile durcis. Puis il mélange la poudre avec de l'eau ou de la graisse animale.

Voilà, Julien et ses amis peuvent peindre sur leurs tentes et jouer eux aussi les artistes !

Hadidja a réalisé un collier sonore à partir de coquilles vides d'escargots. En plaçant le collier à la cheville, Hadidja peut danser et marquer le rythme avec le cliquetis des coquilles.

Rhombes, flûtes et sifflets constituent l'essentiel de ce que l'on connaît des instruments préhistoriques.

Julien a fabriqué une flûte. Mais, comme Naoum, l'apprentissage est un peu long avant de réussir à faire de beaux sons...

Pour le rhombe, Xavier doit découper un ovale dans un os plat, une omoplate par exemple, percer un trou et glisser une ficelle deux mètres de long.

Xavier fait tourner le rhombe. D'abord lentement puis de plus en plus vite. Quel son étrange et inquiétant !

Après un bon dîner, les enfants improvisent un petit concert "préhistorique"… François donne le rythme en raclant un os sur les restes d'une mâchoire animale.

Chronologie

	Cultures	Arts et Industries	Sites
-35 000	Aurignacien Première culture de l'*Homo sapiens sapiens* à se répandre en Europe centrale et occidentale entre 35 000 et 27 000 ans environ.	Naissance de l'art avec l'apparition des premières images (Dordogne, Bad-Wurtenberg) Pointes de sagaies en os.	Les Eyzies-de-Tayac
-30 000			La Ferrassie Chauvet
-25 000	Gravettien Culture caractérisée notamment par la pointe de la Gavette : lame étroite et allongée retravaillée (entre 28 000 et 20 000 ans environ).		Arcy-sur-Cure Lespugue
		Statuettes féminines	Grimaldi
			Pech-Merle
-20 000	Solutréen Culture en France et en Espagne caractérisée par l'apogée de la taille du silex (entre 21 000 et 17 000 ans environ).	Aiguille à coudre Propulseur	Cosquer
		Apogée de l'art rupestre	
-15 000			Lascaux Altamira Les Trois-Frères Font-de-Gaume
	Magdalénien (entre 18 000 et 10 000 ans environ)	Harpon	Rouffignac Niaux Pincevent
-10 000		Galets peints et incisés	Gönnersdorf

La Dame à la capuche de Brassempouy (Landes, France) est le plus ancien visage de l'humanité (-20 000 ans).

LEXIQUE

PRÉHISTOIRE
Période de l'évolution des êtres vivants (végétaux et animaux) qui se situe avant l'apparition de l'écriture ou l'utilisation des métaux par l'homme.

PALÉONTOLOGUE
Scientifique qui étudie les événements de la période préhistorique et notamment l'évolution du monde vivant. La paléontologie humaine s'intéresse plus particulièrement à l'apparition et à l'évolution de l'homme et de son milieu pendant la période préhistorique, et les spécialistes de cette question sont appelés des préhistoriens.

PALÉOLITHIQUE

Aussi nommé "âge de la pierre taillée", cette grande période de la préhistoire vit apparaître les premières civilisations humaines. Le Paléolithique inférieur débute il y a plus d'un million et demi d'années et dure jusqu'à -100 000 ans environ. Le début du Paléolithique moyen est marqué par la présence des premières sépultures et se poursuit jusque vers - 35000 ans. Le Paléolithique supérieur se caractérise par l'apparition de l'art et la fabrication d'outils très fins en pierre taillée et en os ; il s'achève il y a 10000 ans environ.

MAGDALÉNIEN
Culture de la fin du Paléolithique supérieur répandue dans toute l'Europe entre -18000 et -10000 ans. Elle est définie d'après les restes et les traces, découverts en 1863, dans l'abri de La Madeleine (d'où le nom magdalénien) en Dordogne. L'industrie en pierre et en os finement taillés et souvent décorés est d'une richesse extraordinaire de même que les représentations artistiques sur les parois des grottes.

CRO-MAGNON
Site préhistorique de Dordogne, sur la commune des Eyzies-de-Tayac, où fut découvert en 1868 le premier squelette humain de type moderne (*Homo sapiens sapiens* comme nous), daté de 33000 ans. L'homme de Cro-Magnon devra attendre le début du Paléolothique supérieur pour supplanter l'Homme de Neandertal en Europe.

NEANDERTAL

Site préhistorique d'Allemagne où furent découverts pour la première fois en 1857 des restes humains à la morphologie différente de celle des hommes modernes. L'Homme de Neandertal vécut entre 100000 et 35000 ans avant notre ère, en Europe et dans une partie de l'Asie. Petits et robustes, les hommes de ce type avaient notamment le front fuyant, les arcades sourcilières très développées et une mâchoire robuste proéminente.

GLACIATION
Périodes de la préhistoire pendant lesquelles le climat a subit un fort refroidissement, recouvrant ainsi de glace des régions aujourd'hui tempérées. Au cours du Paléolithique, plusieurs épisodes glaciaires ont alterné avec des périodes de réchauffement.

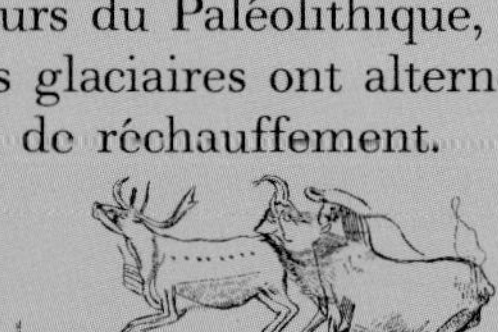

PEINTURE RUPESTRE OU PARIÉTALE
Peinture exécutée sur les parois rocheuses, notamment dans les grottes.

LA "MUSIQUE" DE LA PRÉHISTOIRE

On ne saura jamais de manière exacte quelle musique pratiquaient les hommes du Paléolithique car, bien évidemment, on ne possède aucun témoignage sonore ou écrit de cette musique ! En revanche, les instruments sonores trouvés par les préhistoriens et l'étude acoustique des grottes permettent d'affirmer que les hommes préhistoriques savaient utiliser les phénomènes acoustiques et jouaient de la musique. Par ailleurs, les observations des ethnomusicologues sur certaines populations primitives vivant encore aujourd'hui rendent tout à fait plausible une reconstitution de l'univers sonore et musical des hommes préhistoriques (ce qu'a fait notre compositeur).

LES FLÛTES EN OS
L'ancêtre de la flûte était la phalange de rennes. Rudimentaire, celle-ci ne comportait qu'un ou deux trous et s'apparentait à un sifflet. Il existait sans doute aussi des «trompes» constituées de longs tubes évidés. La flûte en os est un instrument bien plus élaboré : elle est capable de produire plusieurs notes bien précises en fonction de la position des nombreux trous. Les plus anciennes flûtes en os que nous connaissons ont été fabriquées il y a environ 35000 ans. Elles sont taillées dans un des os de l'aile de vautour, le cubitus, qui constitue naturellement un long tube creux. Leur taille et la position des trous étaient déterminées avec soin, comme le montre l'une des flûtes préhistoriques les mieux préservées provenant des Pyrénées-Atlantiques.

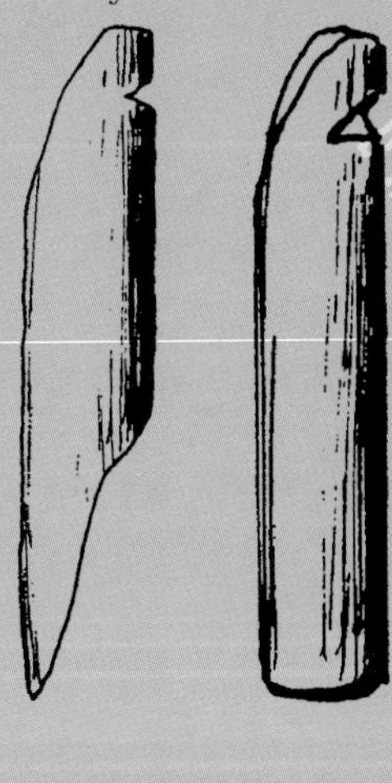

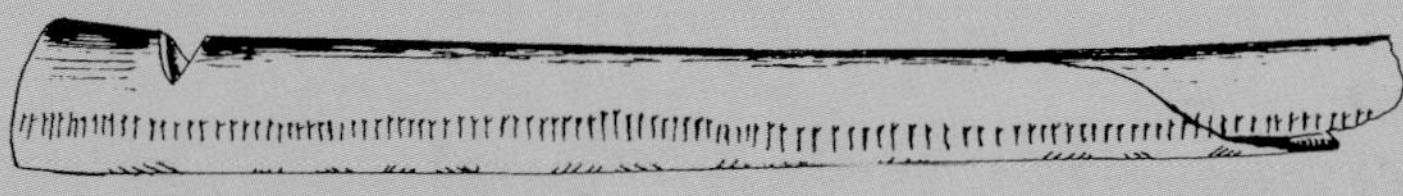

Les hommes de Cro-Magnon ont tout naturellement transformé en flûte les os cylindriques des grands oiseaux comme l'aigle, le vautour ou le cygne.

Le rhombe

Connu depuis 20000 ans environ et encore en usage de nos jours dans de nombreuses régions du monde, le rhombe est un instrument qui émet des sons en tournant dans l'air. Il est constitué d'une lame rigide et légère qui a la forme d'un losange ou d'un ovale très allongé. Au Paléolithique, cette lame pouvait être en os, en bois de renne ou en ivoire de mammouth. Un lien passant dans un trou pratiqué à l'une de ses extrémités permet de faire tourner cet objet qui produit alors un vrombissement plus ou moins aigu selon sa vitesse de rotation. L'un des plus beaux rhombes préhistoriques connus est celui qui provient de la grotte de La Roche, en Dordogne.

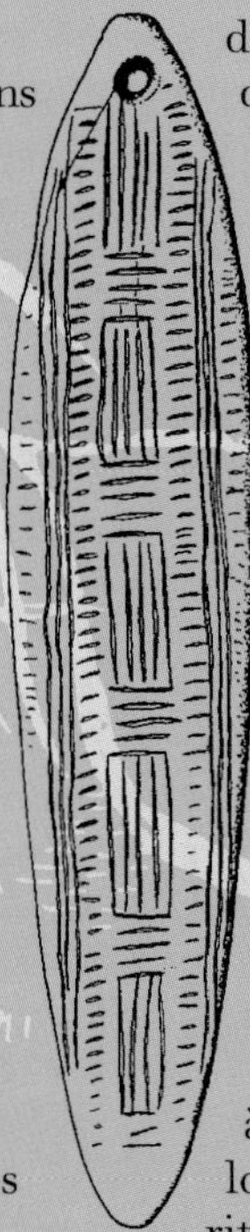

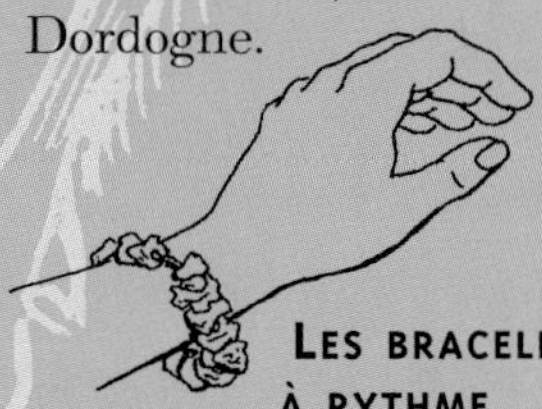

Les bracelets à rythme

La découverte d'objets percés dans les habitats du Magdalénien est courante. Il s'agit de coquillages, de fossiles, de minéraux divers, de dents de prédateurs... Les attaches ayant disparu, il est parfois difficile de savoir si ces objets étaient portés en pendentifs, cousus sur des vêtements, réunis en colliers ou en bracelets. En ce qui concerne les pièces les moins fragiles, il est vraisemblable de penser qu'elles pouvaient faire partie de bracelets portés aux chevilles ou aux bras, destinés à scander le rythme lors de cérémonies rituelles, comme cela existe encore de nos jours.

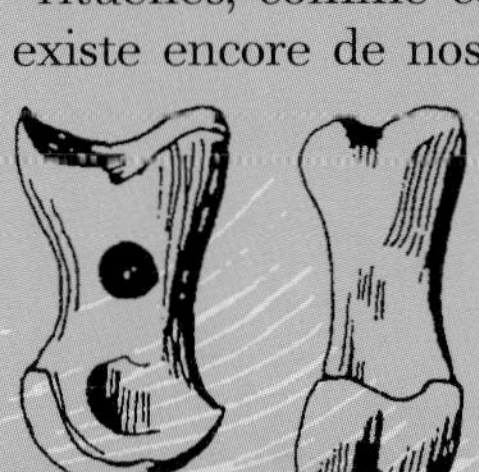

Les phalanges sifflantes

Les phalanges de rennes sifflantes sont, à l'heures actuelle, les plus anciens instruments sonores connus. Certaines ont pu être datées de près de 100 000 ans. Ces os, qui forment le squelette des doigts, devaient être percés d'un trou près d'une de leurs extrémités, pour pouvoir être utilisés comme des sifflets.

C'est sans doute en agrandissant les traces de morsures laissées sur ces os par les loups, ou d'autres carnassiers, que l'homme de la préhistoire façonna des instruments capables de produire des sifflements clairs, puissants et variés.

Les traces de percussions

Nous n'avons pas de témoignages directs au Paléolithique de l'existence d'instruments à percussion, tels que ceux utilisés de nos jours : tambours, cymbales, xylophones, etc. Cependant, les traces de percussions répétées sur des os de rennes ou de mammouths, ainsi que sur certaines concrétions de calcite dans les grottes fréquentées par les hommes préhistoriques laissent à penser que ces objets étaient effectivement utilisés pour la percussion.

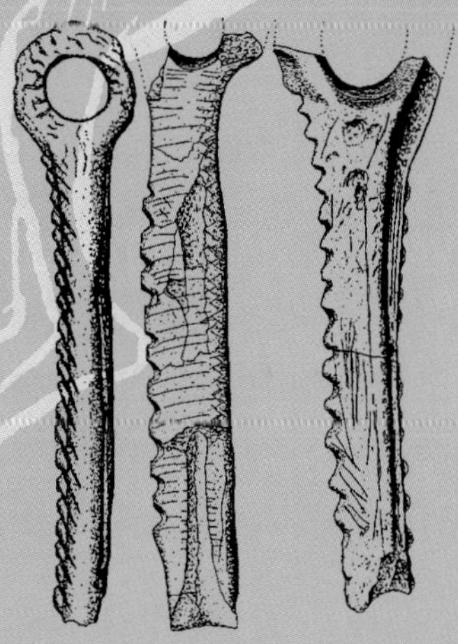

Couverture : hg : *Salle des Taureaux*, grotte de Lascaux II (Dordogne). - **b** : Julien jouant du sifflet, photo. **2g** *Bison se léchant,* sculpture, bois de renne, abri de la Madeleine (Dordogne), Magdalénien. Musée des Antiquités nationales, Saint-Germain-en-Laye. **2d** *Abri de la Madeleine*, photo. **3** *Myrtilles, bruyère et fleurs de pissenlit*, illustrations de Claire Felloni. **4g** *Salle des Taureaux*, grotte de Lascaux II (Dordogne). **4d** *Lampe*, grès rouge, Lascaux (Dordogne), Magdalénien. Musée des Antiquités nationales, Saint-Germain-en-Laye. **5g** *Homme-médecine accomplissant ses rites sur un Indien blackfeet mourant*, Georges Catlin, 1832, huile sur toile. National Museum of American Art, Washington D.C. **5d** *Sorcier,* Afrique du Sud, 1987, photo. **6g** *Habitat préhistorique reconstitué*, Le Thôt (Périgord). **6d** Panorama Otsama (Finlande), photo. **7g** *Homme pygmée allumant un feu*, Cameroun. **7d** *Percussion de deux silex*, illustration de Frédéric Bony. **8g** *Cascades de stalagmites avec formation en lames*, Italie. **8d** *Deux flûtes en os*, Isturiz (Landes), Paléolithique. Musée des Antiquités nationales, Saint-Germain-en-Laye. **9g** *Rhombe de Lalinde* (Dordogne), Magdalénien. Musée des Antiquités nationales, Saint-Germain-en-Laye. **9d** *Sifflet*, La Madeleine (Dordogne), Magdalénien. Musée national de Préhistoire, Les Eyzies. **10g** *Tête de cheval hennissant*, sculpture en ronde bosse, bois de renne, Le Mas d'Azil (Ariège), Magdalénien. Musée des Antiquités nationales, Saint-Germain-en-Laye. **10d** *Cerf*, Grande Salle, paroi de gauche, Lascaux II (Dordogne). **11g** *Mammouth*, Musée national d'Histoire naturelle. **11d** *Aurochs rouge*, Grande Salle, paroi de droite, Lascaux II (Dordogne). **12g** *Côte gravée aux têtes de bisons*, gravure, bois de renne, grotte de la Vache (Ariège), Magdalénien. Musée des Antiquités nationales, Saint-Germain-en-Laye. **12d** *Burins*, silex, Le Placard (Charente), Solutréen. Musée des Antiquités nationales, Saint-Germain-en-Laye. **13g** Bâton perforé : *Tête de cheval*, gravure, bois de renne, Le Mas d'Azil (Ariège), Musée de Ladevèze. **13b** Propulseur : *Le Faon aux oiseaux*, gravure bois de renne, Le Mas d'Azil (Ariège), Magdalénien. Musée de Ladevèze. **13h** *Sagaie*, Lascaux (Dordogne), Magdalénien. Musée national de Préhistoire, Les Eyzies. **14g** *Aiguilles à perforation*, os, Le Placard (Charente), Paléolithique supérieur. Musée des Antiquités nationales, Saint-Germain-en-Laye. **14d** *Perçoirs*, silex, Le Placard (Charente), Solutréen. Musée des Antiquités nationales, Saint-Germain-en-Laye. **15g** *Racloir en jaspe*. **15d** *Peau raclée*, illustration de Valérie Stetten. *Sépulture magdalénienne de Saint-Germain-la-Rivière* (Gironde), Musée national de Préhistoire, Les Eyzies. **16d** *Coquillages (turritelles)*, La Madeleine (Dordogne). Musée national de Préhistoire, Les Eyzies. **17g** *Points sous voûte*, grotte de Pech Merle (Lot), photo. **17d** *Main négative*, grotte de Pech Merle (Lot), photo. **18g** *Tête de poisson*, ronde bosse, gravure, bois de renne, grotte de Lespugue, Magdalénien. Musée des Antiquités nationales, Saint-Germain-en-Laye. **18d** *Sole sculptée et gravée*, Le Mas d'Azil (Ariège), Magdalénien. Musée des Antiquités nationales, Saint-Germain-en-Laye. **19g** *Os gravé d'une scène d'initiation (poisson)*, grotte de La Vache (Ariège), Magdalénien. Musée des Antiquités nationales, Saint-Germain-en-Laye. **19d** *Sagaies et harpons*, bois de renne, Magdalénien. Musée des Antiquités nationales, Saint-Germain-en-Laye. **20g** Masaï (Kenya), photo. **20c** *Pendeloque à motif géométrique*, gravure, os, Saint-Marcel (Indre), Magdalénien. Musée des Antiquités nationales, Saint-Germain-en-Laye. **20d** *Dent de cachalot avec deux bouquetins sculptés*, Le Mas d'Azil (Ariège), Magdalénien. Musée des Antiquités nationales, Saint-Germain-en-Laye. **21** *Danse du bison*, Georges Catlin, 1832, illustration. Bibliothèque nationale. **22** à **27** Reportage photos réalisé par Marie Dolard pour le magazine *Gullivore*,
paru en 1989. **28** *Anthropomorphe à tête de bison*, grotte des Trois-Frères (Ariège). Musée des Antiquités nationales, Saint-Germain-en-Laye. **29h** *La Dame à la capuche* de Brassempouy, scupture, ivoire de mammouth (Landes), Gravettien. Musée des Antiquités nationales, Saint-Germain-en-Laye. **29g** *Feuille de laurier*, silex. Magdalénien. **29gb** *Salle des Taureaux*, grotte de Lascaux II (Dordogne). **29d** *Tête de l'Homme de Neandertal*, dessin. **29db** *Bisons gravés*, grotte des Trois-Frères (Ariège). Musée des Antiquités nationales, Saint-Germain-en-Laye. **30g** *Flûte en os d'oiseau*, dessin, Saint-Marcel (Indre), Magdalénien. **30b** *Appeaux en os d'oiseau*, dessin, Le Roc-de-Marcamp (Gironde), Magdalénien. **31h** *Flûte en os d'oiseau*, dessin, grotte de Placard, Vilhonneur (Charente), Magdalénien. **31g** *Sonnaille de poignet*, dessin. **31ch** *Rhombe*, dessin, La Roche, Lalinde (Dordogne), Magdalénien. **31cb** *Phalanges sifflantes*, dessin de Michel Dauvois. **31d** *Racleurs ou racles sur bâtons percés en bois de renne*, dessin, Magdalénien.

Musiques du CD

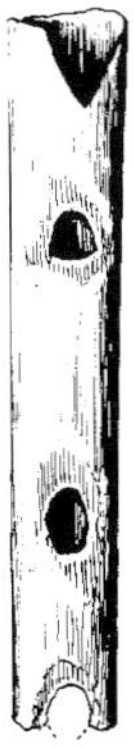

❶ Musique du fond des temps (tubes et flûtes)
❷ La Danse du chaman (tubes et flûtes)
❸ La Complainte du soleil (rhombes et percussions)
❹ Mélodie (percussions, sifflets et flûtes)
❺ L'Aurochs (percussions, sifflets et flûtes)
❻ Voyage d'hiver (vent et flûtes)
❼ Voyage d'hiver, suite (vent et flûtes)
❽ Le Chant du vent (flûte et percussions)
❾ Le Printemps (flûte et percussions)
❿ La Fête (percussions, flûtes, tubes et sifflets)

Crédits des photos de la frise documentaire et des annexes

Couverture : Explorer / F. Jalain • **2g** : RMN - R. G. Ojeda. **2d** : M. Dolard • **3** : C. Felloni / Nouveaux Loisirs • **4g** : Explorer / F. Jalain. **4d** : RMN. / J. Schormans • **5g** : Art Ressource (NY) / Giraudon. **5d** : Sygma / P. Durand • **6g** : Explorer / J. P. Bouchard. **6d** : Explorer / F. Jourdan • **7g** : Explorer / G. Philippart de Foy. **7d** : F. Bony / Gallimard Jeunesse • **8g** : DR. **8d** : RMN • **9g** : RMN / L. Hamon. **9d** : Musée national de la Préhistoire. • **10g** : RMN / L. Hamon. • **10d** : Explorer / J. P. Bouchard. **11g** : MNHN Paléontologie / D. Serrette. • **11d** : Explorer / J. P. Bouchard. • **12g** : RMN / L. Hamon. **12d** : RMN / J. G. Berizzi. • **13c** : RMN / G. Blot. • **13h** : Musée national de la Préhistoire. • **13b** : RMN / G. Blot. • **14g** : RMN / L. Hamon. • **14d** : RMN / J. G. Berizz. • **15g** : DR. • **15d** : Bayard Éditions. **16** : Musée national de la Préhistoire. • **17** : Jean Vertut. • **18g** : RMN / G. Blot. • **18d** : RMN / M. Beck-Coppola. • **19g** : RMN / Arnaudet. • **19d** : RMN / J. Schormans. • **20g** : Explorer / F. Varin. • **20c** : RMN / J. G. Berizzi. • **20d** : RMN / L. Hamon. • **21** : Lauros-Giraudon. • **22** à **27** : M. Dolard. • **28** à **33** : DR.

Gallimard Jeunesse Musique / Musiques de tous les temps

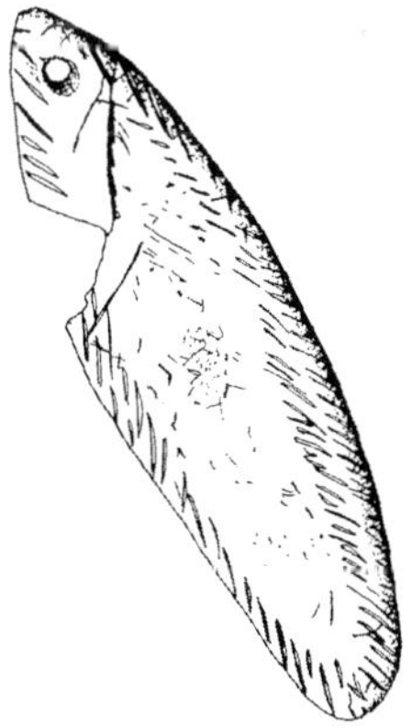

Direction : Paule du Bouchet

Livre :
Graphisme : David Alazraki
Iconographie : Claire Babin
Coordination éditoriale : Claire Babin
Correction : Jocelyne Marziou

Disque :
Conception : Paule du Bouchet
L'enregistrement du CD a été réalisé
par Ramuncho Matta

Remerciements à Michel Dauvois, Jean-Guy Michard, Marie Dolard et toute l'équipe de *Gullivore*.

LES COLLECTIONS « GALLIMARD JEUNESSE MUSIQUE »

Coco le ouistiti
(dès 18 mois)
Coco et le poisson Ploc
Coco lave son linge

Hors série
(Tout-petits)
Mon Imagier sonore

Mes Premières Découvertes de la Musique (3 à 6 ans)
Barnabé et les bruits de la vie
Faustine et les claviers
Fifi et les voix
Léo et Marie et l'orchestre
Loulou et l'électroacoustique
Momo et les cordes
Petit Singe et les percussions
Tim et Tom et les instruments à vent
Tom'bé et le rap

Découverte des Musiciens
(6 à 10 ans)
Jean-Sébastien Bach
Ludwig van Beethoven
Hector Berlioz
Frédéric Chopin
Claude Debussy
Georg Friedrich Haendel
Wolfgang Amadeus Mozart
Henry Purcell
Franz Schubert
Antonio Vivaldi

Musiques d'ailleurs
(8 à 12 ans)
Antòn et la musique cubaine
Bama et le Blues
Brendan et les musiques celtiques
Djenia et le raï
Tchavo et la musique tsigane

Musiques de tous les temps
(8 à 12 ans)
Jehan, la musique au temps des chevaliers
Gilles, la musique au temps du Roi-Soleil
Naoum, la musique de la préhistoire

Carnets de Danse
(8 à 12 ans)
La Danse classique
La Danse hip hop
La Danse jazz
La Danse moderne

Hors série
L'Alphabet des grands musiciens
L'Alphabet des musiques de films
Les Berceuses des grands musiciens
Les Berceuses du monde entier
La Bible en musique
Musiques à faire peur
La Mythologie en musique

ISBN : 2-07-054386-2

Dépôt légal : octobre 2000
Numéro d'édition : 96525
Imprimé en Italie par Editoriale-Lloyd,
Loi n° 49-956 du 16 juillet 1949
sur les publications destinées à la jeunesse